때로는 짜고 때로는 쓴
역사 속 소금 이야기

때로는 짜고 때로는 쓴
역사 속 소금 이야기

설흔 글 | 정승희 그림

들어가는 글

소금,
짜기만 할까?

'세상의 소금'이 되라는 말 들어 봤니?
소금이 안 들어간 음식이 없을 정도로
음식에 소금이 꼭 필요하듯,
너희도 세상에 꼭 필요한 사람이 되라는 뜻이지.
그런데 소금은 음식에만 있는 게 아니야.
우리 역사에도 소금이 잔뜩 묻어 있단다.
고구려 임금님의 손에도 묻어 있고,
신라 장군의 입에도 묻어 있고,
정약용의 이마에도 묻어 있지.
심지어는 세종 임금님의 턱에도
묻어 있다니까.

그런 이야기는 도대체 들어 본 적이 없다고?
그럼 이제부터 짠 소금, 아니 때로는 맵고,
가끔은 눈물도 쏙 빼고, 입맛도 쓰게 만드는
소금 이야기를 한번 들어 봐.

차례

들어가는 글 **소금, 짜기만 할까?** 　4

첫 번째 이야기
소금 장수였던 임금님 　8
이야기 속 역사 읽기
봉상왕은 왜 자기 동생까지 죽였을까?

두 번째 이야기
소금 때문에 죽은 신라의 장군 　34
이야기 속 역사 읽기
일본은 왜 '염노'라는 말에 전쟁까지 일으켰을까?

세 번째 이야기

세종 임금님의 고민   54

이야기 속 역사 읽기
세종 임금님은 왜 소금을 바치지 말라고 했을까?

네 번째 이야기

소금 때문에 한숨 쉰 선비   72

이야기 속 역사 읽기
정약용의 소금 정책은 무엇이 달랐을까?

역사 이야기를 좋아하는 아이들만 보는 **역사 퀴즈**   88

아직도 **역사 공부**가 더 하고 싶다면   89

역사 용어 풀이   90

첫 번째 이야기

소금 장수였던 임금님

고구려

고구려의 봉상왕은 매우 악명이 높았어.
자기한테 위협이 된다고 생각하면 삼촌이고 동생이고
가리지 않고 마구 죽이는 그런 사람이었지.
봉상왕의 삼촌인 달가는 당시 전쟁 영웅이었는데
봉상왕은 사람들이 자기보다 달가를 더 존경한다는 이유로
달가를 죽였어. 또 왕권을 강화한다는 이유로
자기 동생인 돌고도 누명을 씌워 죽게 했어.
또 돌고에게는 을불이라는 아들이 있었는데
봉상왕은 조카인 을불도 죽이려고 했어.
그래서 을불은 살기 위해 멀리 도망을 갔지.
첫 번째 이야기는 바로 이 을불에 대한 이야기야.

봉상왕 (?~300년)
고구려 제14대 왕

미천왕 (?~331년)
고구려 제15대 왕

창조리 (?~?년)
고구려의 재상

간신히 목숨을 건진 을불은 걷고 또 걸었어. 죽은 아버지 생각에 울고 또 울며 계속해서 걸었어. 하지만 언제까지나 계속 도망칠 수만은 없었지.
그때 마침 을불의 눈앞에 마을 하나가 보였단다.
을불은 마을로 가 먹을 것부터 구하기로 했지. 마을로 들어서서 이리저리 살펴보는데 갑자기

큰소리가 들리는 거야.

"이놈들이 정말! 저리 가지 않을 테냐?"

무슨 일인가 하고 없는 힘을 모아 몇 걸음 더 걸

어가 보았어. 개굴개굴 개구리 우는 소리가 들렸어. 그리 큰 소리는 아니었지만 약간 귀에 거슬리기는 했어. 그 순간 아까의 그 목소리가 또 들렸어.

"하, 이놈의 개구리들. 다 잡아다 죽일 수도 없고!"

키가 을불보다도 작은 사람이 연못에다 돌을 던지고 막대기로 휘저으며 소리를 지르고 있었어. 아마도 개구리를 몹시 싫어하는 사람인가 봐. 그 사람은 마구 성질을 내다가 을불을 보았어. 그러고는 을불을 위아래로 살펴보았어. 을불은 허름한 옷과 더러운 얼굴이 부끄러워서 손을 앞에 가지런히 모으고 고개를 살짝 숙였지. 그 사람이 말했어.

"자네, 머슴 자리가 필요한가?"

"네."

작은 사람 이 사람의 이름은 '음모'라고 『삼국사기』에 나와 있어요.
머슴 남의 집에서 온갖 잡일을 하는 사람이에요.

"그럼 이 막대기를 들게. 자네 할 일은 간단해. 개구리들이 울지 못하게 하면 되는 거야."

을불은 막대기를 받았어. 그 순간 개구리들이 울기 시작했지. 그 사람이 소리를 꽥 질렀어.

"뭐 해? 개구리들이 울잖아. 돌을 던지고, 막대기를 휘저어!"

"아, 예."

을불은 개구리들이 우는 곳을 향해 돌을 던졌어. 또 연못으로 다가가 막대기도 마구 휘저었지. 그 사람은 을불의 어깨를 툭툭 두드리며 말했어.

"난 들어가 볼 테니 계속 일하라고."

그 사람이 들어가고 나서 한동안 개구리는 울지 않았어. 을불은 너무 피곤해서 자리에 앉아 깜빡 졸았

지. 아주 잠깐 졸았는데 안에서 그 사람의 목소리가 들리는 게 아니겠어?
"뭐 해? 개구리들이 울잖아."
그 사람은 귀도 참 밝았어. 연못 앞에 앉아 있던 을불의 귀에도 잘 들리지 않는 개구리 소리를 귀신같이 듣고 소리를 질러 댔어. 을불은 "네."라고 크게 답하고는 연못

에다 돌을 던졌지.

　그런 일이 밤새 계속되었어. 아침이 되자 을불은 너무 졸리고 피곤해서 정신을 차릴 수가 없었지. 을불은 또다시 깜빡 졸았어. 그런데 누군가 엉덩이를 발로 툭툭 치는 거야. 눈을 뜨고 돌아보니 그 사람이었어. 그 사람은 찬밥 한 그릇을 던져 주고는 이렇게 말했어.

"뭐 해? 날이 밝았으니 일을 해야지."

을불은 찬밥을 입에 쑤셔 넣은 뒤 자리에서 일어났어. 남자는 을불에게 도끼를 주며 말했어.

"나무를 베어 오게. 많이, 아주 많이."

을불은 너무 어처구니가 없어 이렇게 말했지.

"일이 너무 힘듭니다. 다른 집으로 가겠습니다."

그 남자는 씩 웃더니 휘파람을 불었어. 그러자 집 안에서 커다란 몸집의 남자 두 명이 나왔지.

"저놈을 좀 때려야겠다. 기껏 먹여 주고 재워 줬더니 다른 집으로 간단다."

그 남자의 말에 을불은 무릎 꿇고 싹싹 빌었어.

"아이고, 용서해 주십시오. 열심히 일하겠습니다."

이렇게 해서 을불은 그 사람을 위해 또다시 일하게 됐어. 밤에는 개구리들에게 돌을 던졌고, 낮에는 산에 올라가 나무를 했지. 을불이 아무리 젊다고는 하지만 제대로 자지도 먹지도 못하면서 언제까지나 그렇게 살 수는 없었지.

일 년쯤 지난 어느 날, 을불은 감시가 소홀한 틈을 타 도망을 쳤어. 그러니까 두 번째 도망을 친 거지.

을불은 이번에는 소금 장수가 되었어. 무거운 소금을 짊어지고 떠돌아다녀야 하는 힘든 일이었지. 어깨가 뻐근하고 팔다리가 쑤셨지만 그래도 을불의 표정은 전보다 훨씬 밝았어. 힘들면 잠깐 눈을 붙일 수도 있었고 배가 고프면 먹을 수도 있었거든.

그러던 어느 날 밤이었어. 갑자기 비가 쏟아지는 거야. 을불은 가까운 집 대문을 두드렸어. 늙은 할멈이 문을 살짝 열고 을불을 쳐다보았어.

"하룻밤만 재워 주십시오."

늙은 할멈은 을불을 위아래로 훑어보며 말했어.

"소금 한 말만 주면."

하룻밤 자는 것 치고는 지나친 요구였지. 하지만 비가 오고 날도 어두웠기에 을불은 어쩔 수 없이 고

개를 끄덕였어. 늙은 할멈은 소금 한 말을 받은 뒤 을불을 안으로 들였어. 을불이 소중한 소금을 방 안에 잘 들여놓고 한숨 돌리려는데 늙은 할멈이 문을 열고 이렇게 말했어.

"소금 한 말만 더 주오."

하룻밤 자는 데 소금 두 말을 달라는 거였지. 을불은 이번에는 고개를 저었어. 그러자 늙은 할멈은 문을 세게 쾅 닫고 가 버렸지.

다음 날 아침 일찍 을불은 늙은 할멈의 집을 나왔어. 한참 걸어가는데 누군가 쫓아오는 것 같은 거야. 돌아보니 병사들이었지. 을불은 깜짝 놀랐어.

'병사들이 어떻게 나를 알아봤지?'

을불은 또다시 도망을 쳤어. 하지만 병사들을 이길 수는 없어서 얼마 못 가 잡히고 말았지. 을불은 봉상왕이 자신을 잡으러 병사들을 보냈다고 생각했어. 그런데 병사들의 우두머리인 관리가 뜻밖의 말을 했어.

"네 놈이 할멈의 신발을 훔쳤다면서?"

병사들은 소금을 뒤졌어. 그런데 정말 그 안에서

할멈의 신발이 나온 거야. 그제야 을불은 늙은 할멈이 앙심을 품고 신발을 넣었다는 것을 깨달았어.
"그건 할멈이 꾸민 짓입니다."
하지만 천한 소금 장수 을불의 말을 귀담아듣는 이

는 아무도 없었어. 을불은 매를 맞고 소금까지 빼앗긴 뒤 간신히 풀려났어. 을불은 울면서 터덜터덜 걸어갔지.

그런 일이 있고 난 뒤 어느 날이었어. 을불은 여느 날과 다름없이 소금을 짊어지고 배를 탔어. 멍하니 강물을 바라보고 있는데 갑자기 말달리는 소리가 들리는 거야. 깜짝 놀라 돌아보니 병사들이 배를 향해 다가오는 게 아니겠어? 도망가기는 이미 늦은 것 같다고 생각한 을불은 그저 고개만 푹 숙이고 있었지. 그러다가 고개를 살짝 들고 보니 병사들이 배에 올라타는 게 보였어. 그때 병사들의 우두머리가 을불에게 다가와 이렇게 말했어.

"혹시 왕손 아니십니까?"

을불은 고개도 들지 못한 채 손만 휘휘 내저으며 말했어.

"아이고 왕손은 무슨…… 저는 그저 소금을 파는 사람일 뿐입니다."

대답하는 동안에도 을불의 가슴은 콩닥콩닥했어. 이제 죽었구나 하는 생각에 눈물도 찔끔 났지. 그런데 우두머리가 갑자기 절을 하더니 다시 말했어.

"왕손이신 것, 다 알고 있습니다. 기품은 여전하시군요. 몇 년 전에 제가 모셨던 분을 어떻게 모를 수 있겠습니까?"

그 말을 듣고서야 을불은 고개를 들었어. 우두머리의 말은 정말이었어. 그는 을불이 궁궐에 있을 때

자신을 호위했던 사람이었지.

우두머리가 말했어.

"왕손을 찾아 온 나라를 뒤졌습니다. 지금 임금님은 나라를 돌볼 생각은 전혀 하지 않고 오로지 궁궐을 새로 짓는 일에만 신경을 쓰고 있습니다. 이에 백성들의 불평불만이 하늘을 찌르고 있지요."

을불이 한숨을 쉬며 말했어.

"그렇다고 내가 뭘 어쩌겠소? 난 그저 도망이나 다니는 신세일 뿐이잖소."

"재상인 창조리가 임금님을 폐위시키려고 합니다. 다른 신하들도 지금의 임금님을 폐위시키고 다른 왕손이 임금님이 되어야 한다고 생각합니다."

우두머리는 을불에게 자신들의 계획을 들려주었

폐위 왕이나 왕비 등을 그 자리에서 몰아내는 것을 말해요.

어. 을불은 한참 동안 생각하더니 마침내 고개를 끄덕였지.

며칠 뒤 봉상왕이 신하들을 데리고 사냥을 갔어. 이때 창조리는 새 임금님을 세우려는 자신과 뜻을 함께하는 사람은 자신을 따르라고 말하며 모자에 갈댓잎을 꽂았어. 그러자 너도나도 창조리를 따라 모자에 갈댓잎을 꽂았지. 신하들은 한마음이 되어 재빨리 봉상왕을 잡아 가두었어. 봉상왕이 소리쳤어.
"임금한테 이게 무슨 짓이냐?"
신하들 뒤에서 창조리가 나타났어. 창조리 옆에는 한 남자가 서 있었지. 그래, 바로 을불이었어. 봉상왕은 그제야 어떻게 된 일인지 깨달았어.

소금 장수 을불은 이렇게 해서 고구려의 새로운 임금님 미천왕이 되었어. 미천왕은 고구려의 기틀을 세우기 위해 열심히 일하고 또 일했단다. 나중에 고구려가 크게 발전하게 된 것도 미천왕의 공이 제법 컸다고 할 수 있어. 모두가 천하게 여겼던 소금 장수가 고구려를 위해 정말 큰일을 한 셈이야.

이야기 속 역사 읽기

봉상왕은 왜 자기 동생까지 죽였을까?

> 늙은 할멈이 앙심을 품고 자기의 신발을 소금 속에 넣었다. 을불이 소금을 짊어지고 가는데 노파가 쫓아왔다. 을불이 신발을 감추었다고 관리에게 거짓으로 말했다. 관리는 신발 값으로 소금을 빼앗은 뒤 매를 때렸다.
>
> 『삼국사기』 중에서

이 이야기를 읽으면서 너희들은 아마 '봉상왕은 어떻게 자기 동생까지 죽였을까?' 하고 생각했을 거야.

봉상왕은 굉장히 잔인한 사람이었단다. 왕의 자리를 노리는 것 같다 싶으면 삼촌이든 동생이든 가리지 않고 죽였거든. 하지만 봉상왕을 욕하기에 앞서 그 당시 고구려의 상황이 어땠는지 살펴볼 필요가 있어.

왜 봉상왕 때 유독 많은 이들이 죽었을까?

봉상왕의 할아버지는 중천왕이었어. 중천왕은 동생들이 형을 죽이고 왕 자리를 차지하려고 반란을 일으키자, 가차 없이 동생들을 죽였지.

봉상왕의 아버지인 서천왕 때에도 똑같은 일이 있었어. 서천왕의 두 동생이 반란을 일으킨 거지. 그래서 어떻게 됐냐고? 서천왕도 중천왕과 마찬가지로 동생들을 죽였어. 그러니까 봉상왕의 할아버지, 아버지 모두 동생이 일으킨 반란을 겪었던 거야.

어릴 때부터 이런 모습들을 보고 자란 봉상왕이었으니 왕이 된 다음에 이런 생각을 하지는 않았을까?

'반란을 일으키기 전에 미리 없애 버려야겠다.'

그래서 봉상왕 때 유독 많은 이들이 죽었던 거야. 물론 알고 보면 그런 사정이 있다는 것일 뿐, 봉상왕의 편을 드는 건 절대 아니란다.

을불이 살던 당시 고구려 사회는 어땠을까?

이번에는 을불 이야기를 통해 그 당시 고구려 사회의 모습을 살펴볼까?

먼저 을불이 살던 당시에는 머슴살이가 존재했다는 사실을 알 수 있어. 또한 머슴살이가 무척 고되었다는 것도 알 수 있지. 하지만 보다 흥미로운 건 을불이 소금 장수를 했다는 사실이야.

고대 사회에서 소금은 무척 귀한 것이었어. 바닷가 근처가 아니면 소금을 얻기가 어려웠지. 그래서 나타난 이들이 바로 소금 장수야. 소금 장수는 소금을 짊어지고 바닷가에서 멀리 떨어진 산속 마을처럼 소금이 귀한 곳에 가서 소금을 팔았단다. 귀한 소금을 파는 장사였으니, 아마 소금을 파는 건 꽤 이익이 남았을 거야. 하지만 을불의 이야기에서 알 수 있듯 소금 장수의 지위는 그다지 높은 편이 아니었어. 소금이 필요해서 사기는 사지만 그걸 파는 사람은 은근히 멸시를 했던 거야.

중요한 건 그럼에도 불구하고 을불이 자신에 대한 자부심을 잃지 않았다는 거야. 을불을 찾으러 온 우두머리가 어떻게 을불을 알아볼 수 있었을까? 겉모습은 초라해도 기품은 여전했기 때문이 아니었을까?

> **생각하는 역사왕**
> - 관리는 왜 왕손이 아니라는 을불의 말을 믿지 않았을까?

두 번째 이야기

소금 때문에 죽은 신라의 장군

신라

너희들, 석우로라는 신라의 장군에 대해 알고 있니?
모른다고? 그런 이름은 처음 들어 본다고?
그럴 거야. 사실은 나도 잘 몰랐던 사람이니까.
그럼 석우로가 소금 때문에 죽었다는 이야기도
처음 들어 보겠네? 소금이 무기도 아닌데
어떻게 소금 때문에 사람이 죽을 수 있냐고?
궁금하면 지금부터 하는 이야기를 잘 들어 봐.

석우로 (?~249년)
신라의 장군

침해왕 (?~261년)
신라의 제12대 왕

석우로는 신라의 장군이었어. 그는 특히 집안이 좋기로 유명했는데 아버지는 내해왕이었고, 부인은 내해왕 다음 임금님인 조분왕의 딸이었어. 또 한참 나중 일이지만 석우로의 아들은 흘해왕이 되었지. 아버지도 임금님, 장인도 임금님, 아들도 임금님이었던 거지.

　이만하면 석우로가 그냥 신라의 장군이 아니라는 사실은 잘 알겠지? 자, 그렇다면 장군으로서의 석우로는 어떤 사람이었을까?

'집안이 좋으니까 어깨에 힘주고 잘난 체나 했겠지.' 하고 생각했다면 석우로를 잘못 봐도 한참 잘못 본 거야. 석우로는 장군으로서도 무척 빼어난 사람이었어. 어느 정도였느냐 하면 열 번 싸우면 아홉 번은 이겼지. 그중에서 가장 큰 승리를 거둔 싸움 하나만 이야기해 줄게.

그 싸움의 상대는 일본이었어. 일본이 신라에 쳐들어왔는데 석우로는 막을 생각도 안 하고 가만히 바라보기만 했어. 그러다가 바람이 부는 방향을 확인하는가 싶더니 이내 불을 놓았어. 불은 일본군이 타고 온 배 쪽으로 향하더니 일본군의 배를 모두 태워 버렸어. 당황한 일본군은 모두 바다에 뛰어들고 말았대. 어때? 바람까지 이용하는 석우로의 실력이 보통이 아니지?

이런, 성품에 대해 말해 준다고 하고서는 싸움 이야기만 했구나. 원래 이야기로 돌아가서 석우로가 어떤 사람인지 말해 줄게. 석우로가 열 번 싸우면 아홉 번은 이겼다고 했지? 왜 열 번 다 이겼다고 말하지 않았느냐 하면 고구려를 상대로 크게 한 번 진

적이 있기 때문이야.

그날 병사들의 상태는 영 말이 아니었어. 싸움에서 져서 마음도 편치 않은데다가 날까지 몹시 추워 모두들 벌벌 떨고 있었지. 그런데 바로 그때 석우로가 병사들 사이를 돌아다니며 직접 불을 피워 준 거야. 왕의 아들이자 왕의 사위이자 빼어난 장군인 석우로가 직접 불을 피워 주며 병사들을 위로해 준 거지. 이 이야기만으로도 석우로가 어떤 사람인지 짐작이 가지?

그런데 모든 게 완벽해 보이는 석우로에게도 약점이 하나 있었어. 집안도 좋고, 성격도 좋고, 싸움도 잘하는데 입이 너무 가벼웠던 거지. 한번은 석우로가 입을 함부로 놀려 이런 일이 있었어.

어느 날 일본에서 사신이 왔어. 나라에서는 석우로에게 사신을 접대하는 일을 맡겼지. 일본 사신은 석우로를 보고 깜짝 놀랐어. 일본군의 배를 다 태워 버린 사람이었으니 아무래도 그럴 수밖에 없었겠지. 하지만 석우로는 특유의 재치로 금세 사신의 기분을 풀어 주었어.

"그때는 미안하게 됐습니다."

석우로의 사과에 일본 사신의 얼굴이 밝아졌어. 굳이 사과할 일까지는 아닌데 먼저 사과를 하니 어깨가 으쓱해진 거야.

석우로의 사과 덕분에 분위기는 무척 좋았어. 그런데 분위기가 너무 좋은 게 문제였어. 허허 웃으면서 이야기를 주고받으며 분위기가 점차 무르익자,

석우로의 입이 슬슬 근질근질하기 시작한 거야. 석우로는 자신이 예전에 일본군을 크게 물리친 일에 대해 말하고 싶었는데, 그 이야기를 하면 일본 사신의 기분이 상할 것 같아 차마 말을 하지 못하고 허허 웃고만 있었지. 하지만 결국 석우로는 참지 못하고 이렇게 말하고 말았어.

"조금만 기다리시오. 일본에 쳐들어가서 일본 왕을 사로잡을 테니. 그래서 일본 왕은 염노로 삼고, 왕비는 밥 짓는 하녀로 만들 것이오. 알겠소?"

지금껏 분위기가 좋았기 때문에 석우로는 일본 사신이 자기 말을 당연히 농담으로 받아들일 거라고 생각했어. 일본 왕을 어떻게 염노로 만들겠어? 왕비를 어떻게 밥 짓는 하녀로 만들겠어? 그런데 사신의

염노 소금 만드는 노예를 말해요.

반응은 냉랭했어. 사신은 화를 벌컥 내며 자리를 박차고 일어나 그 길로 일본으로 떠났어. 석우로는 그

제야 아차 싶었지. 하지만 다른 한편으로는 이렇게 생각했어.

'그래, 내 말이 조금 심하기는 했지. 그렇다고 뭐 큰일이야 있겠어?'

하지만 그건 석우로 혼자만의 착각이었어. 사신이 돌아가고 얼마 지나지 않아 일본의 왕이 신라에 쳐들어왔어. 신라가 일본을 무시했다는 게 이유였지. 신라의 침해왕은 깜짝 놀랐어. 사신을 잘 접대해 보냈다고 생각했는데 일본이 갑자기 쳐들어왔으니 놀

랄 만도 했지.

　침해왕은 석우로를 불러 물었어.

　"아니, 이게 도대체 어떻게 된 일인가?"

석우로는 고개를 푹 숙이고 대답했어.

"다 제 잘못 때문입니다."

석우로는 일본 사신을 접대했을 때의 일을 털어놓았어. 침해왕은 크게 화를 냈지.

"그대는 그 입이 문제일세."

"죄송합니다."

"그나저나 이 일을 도대체 어떻게 할 것이오?"

석우로가 입술을 깨문 뒤 대답했어.

"저 때문에 생긴 일이니 제가 해결하겠습니다."

석우로는 혼자서 일본의 왕을 찾아갔어. 부하들이 따라가겠다는 것을 다 물리치고 혼자서 일본의 왕을 찾아갔지. 석우로는 먼저 인사를 건넸어. 하지만 일본의 왕은 인사도 받지 않았어. 석우로는 주먹을 꼭 쥐고 이렇게 말했어.

"제가 전에 했던 그 말은 농담이었습니다. 농담 한 마디에 전쟁까지 일으킬 필요가 있겠습니까?"

석우로는 그때까지도 그저 농담이었을 뿐이라며 대수롭지 않다는 듯 말했어. 하지만 일본 왕의 생각은 달랐어.

"그럼 어떻게 할 거요?"

"제가 모두 책임지겠습니다."

"책임을 지겠다고? 알겠소."

일본의 왕은 병사들에게 명령을 내렸어.

"저놈을 잡아라."

병사들은 석우로를 밧줄로 꽁꽁 묶었어. 그런 다

음 어떻게 했는지 아니? 병사들은 나무를 쌓고 그 위에 석우로를 올렸어. 그러고는 나무에 불을 붙여 버렸단다.

이게 바로 일본의 왕을 염노라고 놀렸다가 죽고 만 석우로의 이야기란다. 말 한마디 잘못한 대가 치고는 참 끔찍하지?

이야기 속 역사 읽기

일본은 왜 '염노'라는 말에 전쟁까지 일으켰을까?

> 석우로가 말했다.
> "저번에 말한 것은 농담이다. 내가 어찌 그 말에 군사를 일으켜 쳐들어올 것까지 생각했겠는가?"
> 일본 사람은 대답도 하지 않고 석우로를 잡았다. 나무를 쌓고 석우로를 그 위에 올렸다. 그러고는 불을 붙여 죽였다.
>
> 『삼국사기』 중에서

사실 내가 너희에게 석우로에 관한 이야기를 다 들려준 것은 아니란다. 『삼국사기』에는 이 이야기 말고도 석우로에 관한 이야기가 더 나온단다.

남편을 잃은 석우로의 아내는 복수를 꿈꿨어

 남편을 잃은 석우로의 아내는 복수할 날만 기다렸어. 그러던 중 일본에서 사신이 왔어. 석우로의 아내는 자기 집에서 그 사신을 대접하게 해 달라고 왕에게 부탁했지.

 왕의 허락을 받은 석우로의 아내는 일본 사신을 집으로 데리고 왔어. 그리고 정성껏 사신을 대접하는 듯했어. 하지만 사신이 잔뜩 취해 제 몸을 가누지 못할 정도가 되자 돌연히 태도를 바꾸며 이렇게 말했어.

 "저자를 묶어라."

 석우로 아내의 말이 끝나기가 무섭게 사람들은 밧줄로 사신을 꽁꽁 묶었어. 그리고 석우로의 아내는 미리 쌓아 놓은 나무 위에 사신을 올려놓고 불을 붙였단다.

김부식은 석우로의 행동에 대해 어떻게 생각했을까?

 석우로가 일으킨 사건과 그 결과에 대해 『삼국사기』를 쓴 김부식은 어떻게 생각했을까?

'석우로는 남보다 꾀가 뛰어난 사람이었다. 하지만 석우로는 말 한마디를 잘못해서 죽게 되었고, 두 나라 사이에 싸움을 일으켰다.'

나 또한 김부식의 생각과 같단다!

일본은 왜 '염노'라는 말에 노여워 했을까?

그런데 여기에서 생각해 봐야 할 것이 하나 있어. 일본은 왜 '일본의 왕을 염노로 삼겠다'는 석우로의 말에 전쟁까지 일으킬 정도로 노여워했을까? 아마도 그건 '염노'의 신분 때문이었을 거야.

당시에는 아마 바닷물을 쪄서 농축시키는 방법으로 소금을 만들었을 것으로 추측이 돼. 그런데 이러한 방법은 매우 많은 노동력을 필요로 하는 고된 일이었어. 이렇게 염노가 하는 일이 매우 힘들고 고되다 보니 보통 사람들은 잘 하려고 하지 않았지. 그럼 그 일은 누가 했을까? 바로 전쟁 포로들이 그런 힘들고 고된 일을 도맡아 했단다.

이제 일본이 전쟁까지 일으킨 이유가 짐작이 가니? 그러니까 석우로가 일본 왕을 염노로 삼겠다고 한 말은, 듣기에 따라서는 전쟁을 일으켜 일본 왕을 전쟁 포로로 삼겠다는 말로 들을 수도 있다는 거야.

어때, 말 한마디라도 신중히 해야겠다는 생각이 절로 들지? 자, 너희도 말을 할 때는 항상 조심! 그게 이 이야기의 또 다른 교훈이기도 해.

생각하는 역사왕
- 석우로의 부인이 일본에게 복수한 것은 잘한 행동일까?

세 번째 이야기

세종 임금님의 고민

조선

세종 임금님의 고민 이야기에 앞서
나는 너희에게 소금 만드는 사람들이 전쟁에 나가
이긴 이야기를 먼저 들려주려고 해.
병사도 아닌 소금 만드는 사람들이
도대체 전쟁에는 왜 나갔냐고?
게다가 이기기까지 했다니 어떻게 된 일이냐고?
아무리 생각해도 모르겠다면
지금부터 내가 하는 이야기를 잘 들어 봐.

세종 (1397~1450년)
조선의 제4대 왕

먼저 알아야 할 것이 있어. 조선 시대 때는 염전이 없었어. 그럼 어떻게 소금을 얻었냐고? 바닷물을 끓여서 소금을 얻었지. 지금처럼 염전을 통해 소금을 얻는 건 사실 일본에서 들여온 방법이란다.

바닷물을 끓여 소금을 얻어야 하다 보니 소금 만드는 건 보통 일이 아니었어. 다행히 소금 만드는 사람들은 힘이 무척 세서 이런 일들을 척척 해냈어. 또 소금 만드는 사람들은 나무를 베러 섬들을 돌아다니다 보니 바닷길도 잘 알았지.

이렇게 힘도 세고 바닷길도 잘 알다 보니, 전쟁이 나면 웬만한 병사들보다 더 큰 활약을 했어. 그럼 이제부터 소금 만드는 사람들이 전쟁에서 어떤 활약을 했는지 알려 줄게.

조선이 생기고 얼마 되지 않았을 때의 일이었어. 그때는 왜구, 즉 일본 해적들이 날뛰던 때였어. 빠른 배를 타고 와서 식량을 훔친 뒤 불을 지르고 도망가는 게 왜구들이 흔히 쓰는 방법이었지.

물론 조선에도 수군들이 있기는 했지만, 왜구들이 워낙 잽싸게 몰래 왔다 가는 바람에 잡는 데 애를 먹었단다.

영광에 쳐들어온 왜구들도 그랬어. 그들은 빠른 배

열 척에 나눠 타고 영광 바닷가에 도착했지. 하지만 그날은 좀 달랐어. 왜구가 오기를 기다리고 있는 사람들이 있었거든. 그 사람들은 바로 소금 만드는 사람들이었어. 소금 만드는 사람들은 서로 신호를 주고

받았고, 왜구들은 아무것도 모른 채 육지에 발을 디뎠지.
 바로 그 순간, 소금 만드는 사람들이 외쳤어.
 "저놈들 잡아라!"

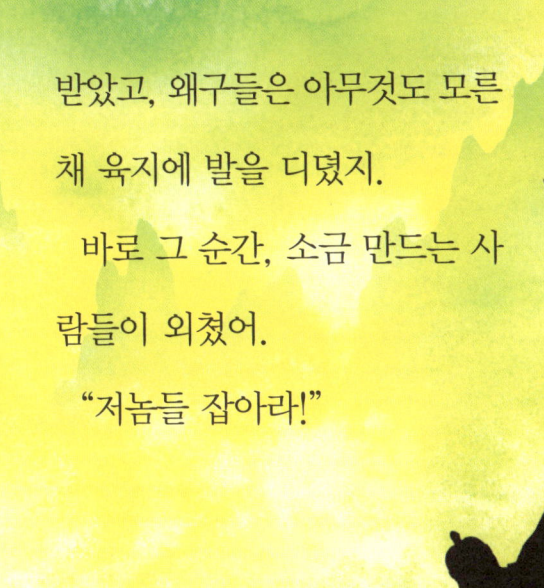

갑작스럽게 사람들이 우르르 몰려오자, 왜구들은 크게 놀랐어. 공격할 생각은 아예 하지도 못하고 걸음아 날 살려라 하고 도망가기에 바빴지. 소금 만드는 사람들은 한 명이라도 놓칠세라 소리를 지르며 왜구들을 추격했어. 금세 왜구 세 명이 잡혔고, 소금 만드는 사람들은 그들의 목을 베어 버렸어. 그 광경을 본 왜구들은 더더욱 놀랐어. 그래서 어떻게 됐느냐고? 어떻게 되긴. 왜구들은 간신히 배에 올라타고는 혼비백산해 멀리 도망가 버렸단다.

사실 소금 만드는 사람들은 서른 명 정도에 불과했어. 반면 왜구들은 배 열 척에 나눠 타고 올 정도였으니 숫자가 훨씬 더 많았지. 하지만 소금 만드는 사람들의 기세에 눌려 앞뒤 가리지 않고 무턱대고 도망쳐 버렸단다.

얼마 뒤 조선은 왜구의 본거지인 대마도를 공격하기로 했어. 이때, 소금 만드는 사람들도 함께 대마도에 갔단다. 그 이유는 더 말하지 않아도 알겠지? 결과는, 이번에도 대성공이었단다!

그런데 사실 내가 너희들에게 정말 들려주고 싶었던 이야기는 소금 만드는 사람들이 전쟁에 나간 이야기가 아니라, 그 사람들 때문에 세종 임금님이 고민하게 된 이야기란다.

대마도 정벌을 성공적으로 마친 뒤의 일이었어. 충청도 감사가 세종 임금님에게 문서를 하나 올렸어. 그 내용은 이렇단다.

감사 감찰사를 말해요. 감찰사는 도에서 가장 높은 자리에 있는 사람이에요. 지금의 도지사와 비슷하지요.

소금 만드는 사람들이 대마도 정벌에서 큰 공을 세운 것은 잘 알고 계실 것입니다. 그런데 문제가 하나 있습니다. 대마도에 가느라 소금을 제대로 만들지 못했습니다. 그래서 부탁드립니다. 나라에 바치는 소금의 양을 절반으로 줄여 주시기 바랍니다.

지금까지도 훌륭한 임금님으로 손꼽히는 세종 임금님은 이 문서를 보고 뭐라고 말했을까?

"절반으로 줄여 달라고? 말도 안 된다."

여기까지만 들으면 세종 임금님이 반대한 걸로 보이지? 그런데 세종 임금님은 그 뒤에 이렇게 덧붙였단다.

"소금 만드는 사람들이 나라를 위해 참으로 큰일을 했구나. 그러니 올해는 소금을 하나도 바치지 않아도 되느니라."

이제 세종 임금님이 어떤 분인지 알겠니? 백성들이 나라에 내야 할 소금의 양을 절반으로 줄여 달라고 했더니, 세종 임금님은 아예 하나도 내지 않아도 된다고 한 거야.

하지만 신하들의 생각은 달랐어. 세종 임금님의 말이 끝나기가 무섭게 한 신하가 이렇게 말했어.

"소금을 하나도 받지 않으면 나라 살림에 큰 문제가 생길 것입니다."

곧이어 다른 신하들도 의견을 말했어. 하나같이 세종 임금님의 의견에 반대하는 말이었지. 세종 임금님은 고민을 했어. 신하들이 반대하는 이유를 누구보다 잘 알고 있었기 때문이야. 조선 시대 때 소금은 무척 귀한 물건이었어. 지금과 달리 소금 값이 무척 비쌌지. 그래서 신하들이 소금이 없으면 나라 살림이 어려워질 거라고 말했던 거야.

신하들의 말을 다 듣고 난 뒤, 세종 임금님은 이렇게 결정을 내렸어.

"알겠소. 그러면 대마도에 직접 다녀온 이들의 소금만 면제하도록 하겠소. 이제 되었소?"

이게 바로 소금 만드는 사람들 때문에 고민에 빠진 세종 임금님의 이야기야. 이 이야기에서도 알 수 있듯이 세종 임금님은 백성들을 더 잘 살게 하기 위해 참 많은 고민을 했단다. 하지만 그때마다 신하들의 반대가 정말 심했지. 세종 임금님이 왜 훌륭하다는 평가를 받는지 아니? 이렇게 많은 반대가 있었음에도 불구하고 이에 굴하지 않고 백성들을 위해 참 많은 일을 해냈기 때문이야. 우리가 자랑스럽게 여기는 한글도 그런 과정 속에서 탄생한 거란다.

이야기 속 역사 읽기

세종 임금님은 왜 소금을 바치지 말라고 했을까?

> 충청도 감사가 문서를 올렸다.
> "각 고을의 소금 만드는 사람들이 대마도 정벌에 나가느라 소금을 굽지 못했습니다. 올해는 소금을 절반만 바치도록 해 주십시오."
> 임금이 말했다.
> "어찌 절반만 바치도록 하자고 하느냐. 금년 것은 다 면제해도 좋을 것이다."
>
> 『조선왕조실록』 중에서

과연 세종 임금님은 훌륭한 분이지? 소금 만드는 사람들에게까지 신경을 썼던 것만 봐도 그 성품을 가히 짐작할 만해.

그런데 소금을 하나도 바치지 말라고 한 세종 임금님의 말을 신하들이 반대한 이유는 대체 뭘까? 그건 소금이 나라 살림에서 차지하는 비중이 그만큼 컸기 때문이야.

나라에서 직접 소금을 구워 팔아도 될까?

그렇다 보니 세종 임금님 때는 소금을 둘러싼 논쟁이 뜨거웠어. 논쟁이 시작된 건 세자(훗날의 문종 임금님)가 나라에서 직접 소금을 구워서 팔자는 의견을 내면서부터였지. 당시 재상이었던 신개는 세자의 의견에 적극적으로 찬성을 했어.

"나라에서 직접 소금을 구워서 파는 일은 나라 살림을 위해 꼭 필요합니다."

하지만 반대하는 이들도 많았단다. 그중 대표적인 사람이 바로 이계전이야. 이계전은 이렇게 말했지.

"그렇게 되면 소금을 구워서 먹고사는 사람들이 피해를 보게 됩니다. 또한 나라에서 제 마음대로 소금 가격을 정해 시장을 어지럽힐 위험도 있습니다."

세종 임금님은 고민에 빠졌어. 사실 양쪽 주장 모두 맞는 말이었거든. 나라 살림을 위해 소금을 구워야 한다는 주장도 옳았고, 그러면 소금을 만들어 먹고사는 사람들이 피해를 본다는 주장도 옳았어. 한동안 고민하던 세종 임금님은 결국 이렇게 제안을 했지.

"일단 시험 삼아 한번 소금을 구워 봅시다."

'의염색'은 왜 없어졌을까?

결국 세종 임금님의 제안에 따라 소금 굽는 관청인 '의염색'이 생겨났어. 하지만 얼마 지나지 않아 문제가 생겼단다. 관리들이 개인적으로 소금을 만들어 먹고사는 사람들에게 소금을 만들지 말라고 한 일이 생긴 거야. 도대체 왜 그랬냐고? 관리들만 소금을 만들어 팔아 이익을 많이 챙기려는 욕심 때문이었지.

세종 임금님은 또다시 고민에 빠졌지. 그래서 결국 어떻게 됐는지 아니? 세종 임금님은 '의염색'을 없애 버렸단다. 나라 살림보다는 소금 만드는 사람들의 먹고사는 문제를 더 중요하게 생각했던 거야. 이래서 다들 세종 임금님이 훌륭하다고 입을 모으나 봐.

> **생각하는 역사왕**
> - 옛날에 소금 값이 비쌌던 이유는 무엇일까?

네 번째 이야기

소금 때문에 한숨 쉰 선비

조선

너희들 혹시 정약용이라는 이름 들어 본 적 있니?
어디서 들어 본 것 같기도 하고, 아닌 것 같기도 하고
정확히 어떤 사람인지 잘 모르겠다고?
정약용은 조선 학자들 중 백성들의 어려움에
가장 신경을 많이 썼던 훌륭한 사람이란다.
이번에는 이 정약용이라는 학자가
소금 때문에 크게 한숨 쉰 이야기야.
어떤 사연이 있는지 귀 쫑긋하고 잘 들어 봐.

정약용 (1762~1836년)
조선의 학자로
『목민심서』를 썼다.

어느 날 높은 직위의 관리 한 명이 정약용을 찾아왔어. 정약용은 조금 놀랐어. 이런 일은 좀처럼 없는 일이었거든.
그 당시 나라를 다스리던 사람

들은 정약용을 별로 좋아하지 않았어. 정약용은 이것도 고쳐야 한다, 저것도 고쳐야 한다며 관리들이 싫어하는 소리만 줄곧 했거든. 이런 정약용에게 높은 직위의 관리가 제 발로 찾아오니 의아할 만도 했지. 정약용이 물었어.

"나 같은 사람을 찾아오다니 무슨 큰 일이라도 있습니까?"

관리는 빙긋 웃고는 이렇게 대답했어.

"경계하실 필요 없습니다. 그저 나라를 위해 좋은 말씀을 듣고자 이렇게 찾아왔습니다."

정약용은 고개를 갸웃하고는 다시 물었어.

"정말로요?"

"네, 정말로요."

그제야 정약용은 관리의 말이 거짓이 아님을 깨닫고 경계심을 풀었어. 그리고 정약용은 잠깐 생각하더니 엉뚱하게도 이렇게 물었어.

"소금 없이도 살 수 있을까요?"

관리가 껄껄 웃으며 대답했어.

"제가 부탁드린 건 나라를 위한 좋은 말씀인데 갑자기 무슨 소금 이야기입니까?"

정약용은 따라서 웃고는 다시 물었어.

"소금 없이도 살 수 있을까요?"

관리도 그제야 정약용이 농담하는 게 아니라는 사실을 깨달았지. 그래서 이번에는 웃지 않고 진지하게 대답했어.

"소금이 없으면 음식이 싱거워 어찌 먹겠습니까?"

"그렇겠지요?"

"그렇지요. 소금 없이 무슨 맛이 나겠습니까? 그런 음식을 먹고 사는 건 살아도 사는 것이 아니지요."

정약용이 웃으며 말을 이었어.

"그렇지요. 소금 없이는 살 수 없지요. 가난한 사람들이 즐겨 먹는 나물 반찬도 소금만 있으면 꽤 맛이 있답니다. 그런데 문제는……."

"뭐가 문제입니까?"

"소금 값이 때로는 너무 비싸 아예 구할 수가 없을 때도 있다는 것이지요."

우스운 이야기를 하는 줄 알았던 관리는 그제야 정약용이 하는 말의 의미를 깨달았어. 관리는 자세를 바로 하고 그의 말에 귀를 기울였지.

"소금이 귀해 그런 걸 어떡합니까? 무슨 좋은 방법이 없을까요?"

정약용이 말했어.

"소금 값이 오를 때는 그 전에 반드시 조짐이 있습니다."

"어떤 조짐입니까?"

"가을에 유독 비가 많이 내리면 꼭 소금 값이 오르니, 이때에는 반드시 대비를 해야 하지요."

관리는 고개를 끄덕이며 이렇게 말했어.
"나라에서도 대비를 하긴 합니다. 하지만 제대로 된 창고가 별로 없습니다. 그래서 창고에 소금을 보관해도 소금이 다 녹아 버립니다."

정약용은 고개를 끄덕이곤 다시 말했어.

"다 방법이 있습니다."

"다 방법이 있다고요?"

"그럼요, 땅을 약간 높이고 그 위에 벽돌을 쌓아 창고를 만들어야 합니다."

"그런 다음에는요?"

"그런 다음 기름과 석회로 문틈을 발라야 하지요. 공기가 통하지 않게 말입니다."

관리는 무릎을 탁 치며 또 물었어.

"아하, 그렇군요. 그러면 장마 때는 어떻게 합니

까? 소금이 습기를 빨아들여 녹아 버릴 텐데요."

"그럴 때는 창고 주변에 불을 피워야 합니다."

"아하, 그렇군요. 그런데 좀 복잡하군요. 더 간단한 방법은 없습니까?"

"있기는 합니다. 소금 가마니에 쥐엄나무 열매껍질을 꽂아 두면 효과가 좋습니다."

"아하, 그렇군요."

관리는 크게 고개를 끄덕이며 한참을 감탄한 뒤 다시 정약용에게 물었어.

"선생님은 참 대단하십니다. 소금 파

는 사람도 아니면서 소금에 대해 어떻게 그리 세세하게 잘 아십니까?"

정약용이 허허 웃으며 대답했어.

"백성들을 위한 일입니다. 잘못되면 큰일이니 세세하게 잘 알고 있어야 하지요."

관리는 고개를 끄덕이고는 한숨을 쉬며 말했어.

"나랏일을 하는 사람들이 다 선생님 같으면 얼마나 좋겠습니까? 하지만 대부분은 백성들에게서 세금 걷을 궁리만 합니다. 그 세금마저도 나라에 바치지도 않고 자기가 챙기기에 바쁘지요. 그러니 나라 꼴이……."

정약용도 한숨을 쉬며 말했어.

"소금은 백성들에게는 생명과도 같은 것입니다. 그

런데도 관리들은 자기 이익 챙기기에만 바쁘니 참 큰일입니다."

관리가 고개를 끄덕이며 크게 한숨을 쉬자, 정약용도 따라서 한숨을 쉬었지.

이게 바로 정약용이 소금 때문에 크게 한숨 쉬게 된 이야기란다. 아, 그 관리가 정약용의 말을 따라 소금 창고를 짓기는 지었냐고? 글쎄, 그 뒤의 이야기는 기록에 남아 있지 않아 잘 모르겠어. 하지만 정약용이 죽은 뒤 조선은 점차 힘이 약해져서 마침내는 망하고 말았지. 그걸 보면 아무래도 관리가 정약용의 말을 듣기만 하고 따르지는 않았던 것 같아. 너희들 생각은 어떠니?

이야기 속 역사 읽기

정약용의 소금 정책은 무엇이 달랐을까?

> 소금은, 모든 일에 필수적인 것이오, 모든 사람들이 원하는 것이다. 사람의 식생활을 돕고 국가의 살림을 넉넉하게 하는 것치고 소금보다 더 중대한 것은 없다.
>
> 『다산시문집』 중에서

조선의 학자들 중에 정약용만큼 백성들의 어려움에 많은 관심을 가진 사람은 없을 거야. 그런 정약용이 백성들의 삶과 밀접하게 관련된 소금 문제를 그냥 보아 넘길 리는 없었지.

정약용의 말대로 사람은 소금 없이 살 수 없어. 그런데 나라에서는 이렇듯 꼭 필요한 소금을 그저 '돈벌이의 수단'으로만 생각했지. 그래서 소금에다가 터무니없이 높은 세금을 붙이는 경우가 너무나 많았어. 그런데 이렇게 되면 소금 만드는 사람들의 사는 형편이 나빠져서 소금을 많이 못 만들어 내게 되고, 이렇게 소금 생산량이 줄어들면 소금 값이 크게 올라 일반 백성들이 고통을 받곤 했어.

    정약용은 걸핏하면 발생하는 이 문제를 해결하기 위해 수도 없이 생각하고 또 생각했어. 책도 많이 읽고, 여기저기 돌아다니며 참고할 만한 것들이 있는지 살펴보기도 했어.

두 지역의 소금세, 왜 크게 차이가 났을까?

    그러던 중 정약용은 이상한 현상을 발견했지. 얼마 떨어지지 않은 두 지역에서 받는 소금세가 그야말로 하늘과 땅 차이였던 거야. 그는 어느 한쪽 지역의 소금이 특별히 더 좋은 것도 아닌데 그렇게 큰 차이가 나는 이유가 궁금했어. 정약용이 관리를 찾아가 그 이유를 물었지. 그랬더니 관리가 뭐라고 답했는지 아니?

"나도 모릅니다. 그저 옛날부터 정해진 대로 받을 뿐입니다."

다른 관리의 대답도 비슷했어.

"좋은 게 좋은 겁니다. 정해진 대로 하면 그만이지 괜히 문제를 일으킬 게 뭐가 있습니까?"

그러니까 관리들은 오래전에 정해진 법을 그대로 적용하고 있었던 거야. 무슨 말이냐고?

자, 내 말 잘 들어 봐. 옛날에는 소금이 많이 났는데 지금은 소금이 별로 나지 않아. 그러면 세금을 줄여야겠지? 그런데도 세금은 옛날과 똑같았던 거야.

정약용은 한숨을 쉬며 이렇게 말했어.

"백성들이 잘 살 수 있도록 돕고 살펴야 할 관리가 그저 귀찮다는 이유만으로 나 몰라라 하고 뒷짐만 지고 있다니!"

지혜롭게 세금을 거두는 방법을 고민했어

그럼 정약용은 어떻게 해야 한다고 주장했을까? 정약용은 평미레를 들고 말했어.

평미레 말이나 되에 곡식을 담은 뒤 그 위를 평평하게 밀어 고르게 만드는 데 사용하는 방망이 모양의 기구를 말해요.

"소금세를 많이 내는 사람은 그릇 위에 수북이 쌓인 곡식을 평미레로 밀듯 세금을 줄여 줘야 하고, 소금세를 적게 내는 사람은 덜 채운 그릇에 곡식을 가득 채우듯 세금을 더 내게 해야 하는 법입니다."

이렇게 하면 공평하게 세금을 거둘 수 있겠지? 하지만 아쉽게도 정약용의 생각은 받아들여지지 않았단다. 그 당시 관리들은 자기 욕심 차리는 데만 온 정신이 쏠려 있었거든.

만약 정약용의 생각이 받아들여졌다면 어땠을까? 백성들의 삶이 한층 더 풍요로워지지 않았을까?

> **생각하는 역사왕**
> - 조선의 관리들이 소금세를 거둘 때 오래전에 정해진 법을 그대로 적용했던 이유는 무엇일까?

 역사 이야기를 좋아하는 아이들만 보는 역사 퀴즈

맞으면 O, 틀리면 X를 써 보아요.

1. 미천왕은 임금님이 되기 전에 신발을 팔았다.   (   )

2. 미천왕은 아버지가 무서워 도망을 다녔다.   (   )

3. 석우로는 신라의 장군이었다.   (   )

4. 석우로의 부인은 남편의 원수를 갚았다.   (   )

5. 소금 만드는 사람들은 전쟁터에도 나갔다.   (   )

6. 세종 임금님은 소금 만드는 사람들을
   좋지 않게 여겼다.   (   )

7. 정약용은 소금세를 무조건 낮춰야 한다고 주장했다.
   (   )

8. 정약용은 소금 창고 만드는 법을 잘 알았다.   (   )

정답은 뒤쪽에 있어요.

엄마 아빠도 알고 있을까요? 한번 물어봐요!

? 아직도 역사 공부가 더 하고 싶다면

1. 소금 장수에 대한 이야기는 굉장히 많다. 재미있는 이야기를 찾아 그 내용을 적어 보자.

2. 소금에 관한 속담을 찾아보고 뜻을 적어 보자.

3. 마트나 시장에 가서 소금의 종류와 가격을 조사해 보자.

4. 염전을 직접 방문해 보자.

역사 용어 풀이

감사 감찰사를 말해요. 감찰사는 도에서 가장 높은 자리에 있는 사람이에요. 지금의 도지사와 비슷하지요.

『다산시문집』 『여유당전서』는 조선 후기의 대표적인 학자 다산 정약용이 쓴 글을 총정리한 문집이에요. 『다산시문집』은 이 『여유당전서』 중 제1집에 해당하는 시문집이에요.

대마도 쓰시마 섬을 우리 한자음으로 읽은 말이에요. 우리나라와 일본 규슈 사이에 있어요.

머슴 남의 집에서 온갖 잡일을 하는 사람이에요.

사신 임금님이나 나라의 명령을 받고 일정한 일을 맡아 외국에 사절로 가는 사람을 말해요.

『삼국사기』 고려 인종 때 김부식이 왕명에 따라 펴낸 역사책이에요. 『삼국유사』와 더불어 우리나라에서 현재 전하는 역사책 중 가장 오래된 역사책이지요.

염노 소금 만드는 노예를 말해요.

역사 용어가 어렵다고요? 보고 또 보면 역사 용어와 친해질 수 있어요. 역사 용어를 알면 역사 이야기가 한층 더 흥미진진해지지요. 우리 함께 보면 볼수록 재미있는 역사 용어를 살펴볼까요?

왜구 13~16세기에 우리나라와 중국 해안 등지에서 약탈을 일삼던 일본 해적을 말해요.

창조리 고구려 봉상왕 때의 재상이에요. 봉상왕이 나라를 돌볼 생각은 하지 않고 오로지 사치와 유흥만 일삼자, 여러 사람들의 뜻과 힘을 모아 미천왕을 새로운 왕으로 세웠어요.

평미레 말이나 되에 곡식을 담은 뒤 그 위를 평평하게 밀어 고르게 만드는 데 사용하는 방망이 모양의 기구를 말해요.

재상 임금님을 돕고 모든 관원을 지휘하고 감독하는 일을 맡아 보던 벼슬자리를 말해요.

폐위 왕이나 왕비 등을 그 자리에서 몰아내는 것을 말해요.

『조선왕조실록』 조선 태조로부터 철종에 이르기까지 472년간의 역사를 날마다 기록한 역사책이에요. (『고종실록』과 『순종실록』도 있지만, 일본의 간섭을 받으며 편찬되었어요. 그래서 보통 『조선왕조실록』에는 포함시키지 않아요.)

84쪽 역사 퀴즈 정답
1. X 2. X 3. ○
4. ○ 5. ○ 6. X
7. X 8. ○

국립중앙도서관 출판예정도서목록(CIP)

때로는 짜고 때로는 쓴 역사 속 소금 이야기
 / 글 : 설흔 ; 그림 : 정승희. --고양 : 위즈덤하우스, 2015
   p.   cm. -- (이야기 역사왕 ; 6)

 ISBN 978-89-6247-642-2 74900 : ₩9500
 ISBN 978-89-6247-478-7(세트) 74900

한국사[韓國史]
역사[歷史]
911-KDC6   CIP2015027324

때로는 짜고 때로는 쓴 역사 속 소금 이야기

초판 1쇄 인쇄 2015년 10월 15일 | **초판 2쇄 발행** 2016년 7월 15일

글 설흔 | 그림 정승희

펴낸이 연준혁 | **스콜라 부문대표** 황현숙
출판 8분사 편집장 최순영 | **편집1팀** 김민정 | **디자인** 달·리크리에이티브

펴낸곳 ㈜위즈덤하우스 | **출판등록** 2000년 5월 23일 제13-1071호
주소 경기도 고양시 일산동구 정발산로 43-20 센트럴프라자 6층
전화 (031) 936-4000 | **팩스** (031) 903-3891
홈페이지 www.wisdomhouse.co.kr **전자우편** scola@wisdomhouse.co.kr
스콜라카페 www.cafe.naver.com/scola1

© 설흔, 정승희 2015
ISBN 978-89-6247-642-2 74900 978-89-6247-478-7(세트)

저작권법에 의해 한국 내에서 보호를 받는 저작물이므로 무단 전재와 복제를 금합니다.
이 책 내용의 전부 또는 일부를 이용하려면 반드시 저작권자와 ㈜위즈덤하우스의 동의를 받아야 합니다.
* 잘못된 책은 바꿔 드립니다.   * 책값은 뒤표지에 있습니다.

스콜라는 ㈜위즈덤하우스의 아동·청소년 브랜드입니다.